인정머리 없는 도시

인정머리 없는 도시

펴낸날 2025년 11월 25일

지은이 김노을
펴낸이 주계수 | **편집책임** 이슬기
교정 편집 강병규 | **꾸민이** 전은정

펴낸곳 밥북 | **출판등록** 제 2014-000085 호
주소 서울특별시 마포구 양화로 156 LG팰리스빌딩 917호
전화 02-6925-0370 | **팩스** 02-6925-0380
홈페이지 www.bobbook.co.kr | **이메일** bobbook@hanmail.net

© 김노을, 2025.
ISBN 979-11-7223-110-1 (03810)

※ 이 책은 저작권법에 따라 보호받는 저작물이므로 무단전재와 복제를 금합니다.
※ 이 책은 강원특별자치도, 강원문화재단의 후원으로 발간되었습니다.

☾ P.S 디카시선 4

인정머리 없는 도시

김노을

시인의 말

살랑거리는
갈바람 미소 따라
호기심 가득 맑은 눈동자
초롱초롱 보채기 시작합니다.

청바지에 운동화
챙모자 쓰고서
콧노래를 부릅니다.

청춘을 고집하는
마음을 옆에 앉히고
가을 기차를 타고
떠나야겠습니다.

애써 태연한 척
칙칙폭폭 큰소리로
노래하며 달려가겠습니다.

정동진에 도착하면
동해의 깊고 높은 꿈
한 번쯤은 꼭 물어봐야 되겠습니다.

2025년 11월 김노을

차례

시인의 말·4

1부 도시와 약속

무기한 파업·10 / 흡연 구역?·11 / 살려주세요·12 / 미련·13 / 조용히 해~식사 중이야·14 / 회전 교차로·15 / 천사들의 합창·16 / 세상 이치·17 / 눈치채기·18 / 가지가지 한다·19 / 누가 제일 예쁘나!·20 / 노을 기도·21 / 아파트 먹는 북극곰·22 / 인정머리 없는 도시·23 / 단체회의 중·24 / 아기 달의 꿈·25 / 우리 사랑할래?·26 / 어른 먼저·27 / 보인다 보여·28 / 방문객·29 / 그분의 뜻이라면·30 / 생명을 비치합니다·31 / 약속·32 / 오후 세 시·33 / 너를 보면·34

2부 기다림의 숲

공들이 전하는 말·36 / 비 갠 아침·37 / 심박한 기대·38 / 다정한 남매·39 / 빨간 머리 꼬마 아가씨·40 / 야무진 기생충·41 / 뒷모습이 아름다운 사람들·42 / 궁금증 한 자락·43 / 나도 꽃이란 말이야·44 / 도시는 선착순·45 / 기다림에 지쳐 똑바로 설 수가 없다·46 / 너·47 / 너무 아파서 옷고름을 풀 수가 없다·48 / 작약 부케 시집가던 날·49 / 고스트와 고수·50 / 좋은 세상 필살기·51 / 가난한 종갓집·52 / 오래된 미련·53 / 빼~꼼·54 / 내 고깔모자 예쁘지·55 / 공존의 이유·56 / 기다림·57 / 상사화·58 / 출장 준비 완료·59 / 동작 그만·60

3부 사랑과 계절

그럼 그렇지 · 62 / 사랑이란 맞춰주는 거란다 · 63 / 꽃으로만 보지 마라 · 64 / 만성염증 · 65 / 갈매기들의 방앗간 · 66 / 당신만 있으면 돼 · 67 / 오늘만 같아라 · 68 / 진실은 빛이 난다 · 69 / 갈대의 자존심 · 70 / 대한민국 엄마가 되던 날 · 71 / 오래 살고 싶다면 · 72 / 그리움 하나 · 73 / 여름이 익어간다 · 74 / 그때가 좋았지 · 75 / 고깔 주의보 · 76 / 우리 따뜻해지면 · 77 / 채찍질 · 78 / 탱자탱자 놀아도 되는 겨? · 79 / 야외 결혼식 · 80 / 가까이하기엔 무서운 당신 · 81 / 나는 행복해요 · 82 / 가을 향기 · 83 / 앞서거니 뒤서거니 · 84 / 부뚜막 · 85 / 당신 없인 못 살아 정말 못 살아 · 86

4부 고독과 겨울

꿈꾸는 동화 나라 · 88 / 연둣빛깔 보물창고 · 89 / 신께서 명령한 본능 · 90 / 어이할꼬! · 91 / 어둠이 직무유기 하던 밤 · 92 / 고적한 숲길에서 · 93 / 할 말이 남으셨는가요 · 94 / 그대 이름은 삐에로 · 95 / 작은 소망 · 96 / 아고라 · 97 / 못난이 독버섯 삼 형제 · 98 / 신비한 기대 · 99 / 망부석 · 100 / 나 좀 그냥 내버려둬 제발 · 101 / 소박한 그림쟁이 · 102 / 정직하게 · 103 / 오랜만에 오셨군요 · 104 / 동물농장 · 105 / 고독한 시간 · 106 / 자신 있으면 나와 봐 · 107 / 오늘은 치킨 먹는 날 · 108 / 독방에 갇혔다 · 109 / 외로운 질주 · 110 / 키 작은 사람의 비애 · 111 / 겨울의 길목 · 112

1부

도시와 약속

무기한 파업

나 일 시키지 마!
더워도 너무 더워
손대지 마!
내가 하고 싶을 때 할래

흡연 구역?

숨 쉬고 싶어
구멍을 찾아 모여들었나
뜨겁게 입맞추고
헌신짝처럼 버릴 수 있냐?
숨 막힌다

살려주세요

누군가의 심장으로 향한
이정표가 될 텐데,
나를 잊지 말아요

미련

초록빛 청청한 여름 땡볕아
너는 벌써 분칠하고
가을처럼 웃고 있구나
내 사랑은 아직 연둣빛인데…

조용히 해~ 식사 중이야

이렇게 우아하게 식사하는 분
이분 말고 또 있으면 손들어 봐
쉿! 조용히
우리 예쁜 그녀가
놀라서 체할라

회전 교차로

어깨동무 칭칭 함께 돌아가리라
오순도순 속삭이는
푸르름 휘감고
숨길 찾아 돌아가리라

천사들의 합창

얘들아 우리 어깨동무하고서

맑고 사랑스러운

가을 노래 부르자

세상 이치

꽃 피면 지는 건 당연한 일
벌 나비 다녀가면
열매가 생길 거야

눈치채기

애들아
너네 둘이 수상해
캐모랑 하트랑
둘이 사귀지?

가지가지 한다

하얀 밀가루옷도 싫어요
노랗고 담백한 달걀옷도 싫어요
흐물흐물 무쳐지는 것도 싫어요
그냥 홀랑 벗고 앞판 뒤판
노릿노릿 지질래요

누가 제일 예쁘나!

한 부모 밑에서 태어났지만
얼굴도 다르고
몸매도 다르고
꽃도 다르다
그럼 누가 제일 예쁘게?

노을 기도

갈 길은 아직 먼 데
하루가 벌써 간다고
상기된 얼굴로 작별 인사하네요
남은 하루도
타오를 수 있기를…

아파트 먹는 북극곰

야곰 야곰
갉아먹고 있다
다 먹고 나면
흔적도 없이 사라질 텐데,
뼈는 남겨 놓으려나?

인정머리 없는 도시

다음 생에는
나도 자연 속에서 살고 싶다
흙과 물이 넘치는 숲속에서
나무와 꽃잎 더불어
꿈처럼 살고 싶다

단체회의 중

오늘 점심 메뉴는 뭘로 할까?
빈대떡?
피자?
치즈 감자전?

아기 달의 꿈

엄마
나는 언제쯤 어른이 될까?
빨리 어른이 되어서
숨어서 나쁜 짓 하는
사람들 화나게 혼내켜 줄 거야

우리 사랑할래?

입술 닿았으니
우리 사귀는 거다?
딴말하기 없기

어른 먼저

아이들에게 잔소리는 뚝!
물은 위에서 아래로 흐르니까
어른 먼저 깨끗해야지
아이! 깨끗해라

보인다 보여

너와 나의 꿈
높이 높이 날아올라
온 누리에 빛나리라

방문객

한 사람의 기억은
하나의 역사를 만든다
책을 보러 왔다가
그리움을 두고 간 사람들
벽 속에서 꽃이 자란다

그분의 뜻이라면

"쟤는 왜 저기에 꽃 피웠다니?
마음 아프게 말야"
"그러게~ 저 높은 곳에 계신 분의 뜻을
작은 우리가 감히 알 수 있겠니!"

생명을 비치합니다

흡!
일단 막아야 해
틈 없이 꽉 틀어막아야 한다
생명은 꼭 붙잡아야 하기 때문이다

약속

고운 빛 연두야
우리 하늘을 우러르자
산새들과 어깨동무하고
새끼손가락 걸고
사랑하자 초록이 깊어질 때까지

오후 세 시

아침이슬로 목 축이고
벌 나비 다녀간 오후 세 시
목젖이 다 보이도록
활짝 웃는 할머니 세 분

너를 보면

겨울이 따뜻해진다
어머니가 보고 싶고
뜨끈한 국밥이 먹고 싶다
공광규 시인이 생각난다
"그래 그리움을 훔쳤다 개새끼야!"

2부

기다림의 숲

공들이 전하는 말

이리로 저리로
땀 흠뻑 헉헉거리며
우리는 신이 났는데
슬기야 준호야
내일은 꼭 놀러 와라

비 갠 아침

뽀송뽀송 맑은 기쁨
뿜뿜 넘쳐나는 생기
활기차고 건강한
오늘 되시기를 기원합니다

심박한 기대

난 원래 바다에서 태어나고 자랐어

어느 날 갑자기 개과천선했어

2차 변신 성공이다

다음에는 하늘을 날게 될지도 몰라

기대해봐

다정한 남매

호탕한 우리 오빠 하하하

새침데기 내 동생

삐죽빼죽 입 내밀고

누구를 기다리는가

빨간 머리 꼬마 아가씨

한바탕 소나기 씨름하고
쑥쑥 키가 자란다
통통한 속살 들킬까 봐
땡볕과 어깨동무하고
입술 꾹 다물고 수줍음 가득히

야무진 기생충

너는 모른다
시간에게 이렇게
파먹히고 있다는 것을
파먹힌 그곳에 너만의 것으로
야무지게 담아 보아라

뒷모습이 아름다운 사람들

사랑을 포장하고 있어요

생수 한 병

도시락 하나

반찬은 세 개

내 마음도 들어있어요

궁금증 한 자락

내 마음 여기쯤에
쉬어가도 좋지 않을까!

나도 꽃이란 말이야

누구도 나를 예쁜 꽃이라고 말하지 않는다
그냥 부추라고만 한다
벌 나비도 나를 기뻐하지 않는다
부추는 대접받는데
나는 무어란 말인가

도시는 선착순

어제 내린 비가
앞다투어 하늘로 오른다
저 구름들도 선착순인가 보다
나도 빨리 출근해야지

기다림에 지쳐 똑바로 설 수가 없다

보고싶다 사랑아

내 사랑아 이 세상

나 숨 쉬는 동안에 너를 기다린다

너

내가 제일 좋아하는 너는
이미 몸값이 쎄다
마음 비운 나를 유혹하듯
발그레 미소 짓는 너
한 입 꽉 깨물어 주고 싶다

이태원 사고로 운명을 달리 하신 분들께
삼가 조의를 표하며 명복을 빕니다

너무 아파서 옷고름을 풀 수가 없다

가슴 속에 쌓은 무덤

너는 가고 없는데

나는 아직 너를 보내지 못했다

울음 울다 지친 응어리는

못내 아쉬운 상사화로 피었다

작약 부케 시집가던 날

뜨거운 이 마음을
그냥 열정이라고 해 두자
따뜻한 가슴 가득 넘치도록
정성 다해 꽃 피웠다
곱디고운 새 신부 만나는 오늘

고스트와 고수

사람도 얕보는
참새들 까치들 눈에
유령이라고 들어올까
고수가 유령을 지키고 있다

좋은 세상 필살기

에어컨 빵빵 참 시원하다
우~와! 재밌다
덥다고 홀랑홀랑 대머리 아저씨
불룩한 똥배는 나랑 꼭 닮았다

가난한 종갓집

순박한 장손의 아낙은
층층시하 고달프고
채울 수 없는 가난한 장독대는
엄마를 닮아 금세 야위어갔다

오래된 미련

그 님 떠나가던 날

여물어진 추억이 철길 위로 나리고

마음속 머물지 못한 그리움만

방울방울 여울지더라

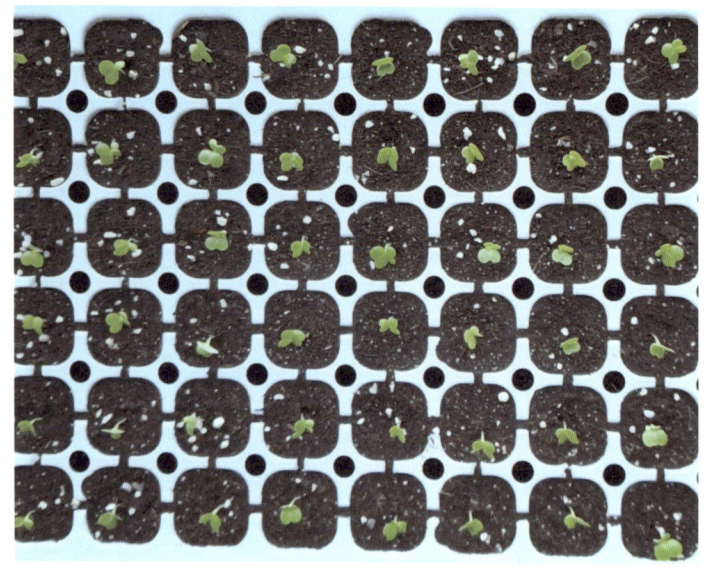

빼~꼼

아구아구 힘들어
내가 7일 동안 키 크느라
힘들어 죽을 뻔했어
그런데 나는 뭐지?
내 이름 아는 사람 손들어!

내 고깔모자 예쁘지

어제 비가 오길래
엄마한테 졸라서
새로 샀단다
괜찮지
너도 한번 써볼래?

공존의 이유

모두가 살아있네
높은 산 깊은 골 켜켜이
세상을 보듬고 살아있네
하늘에 순응하며
인간 세상 더불어 살아있네

기다림

보고픈 내 님

붉은 노을 피어나고

꽃잎 떨어지면 오시려나

차표 없는 정거장엔

망부석의 기적 소리만

세월을 재촉하네

상사화

목이 긴

그리움

어이할꼬

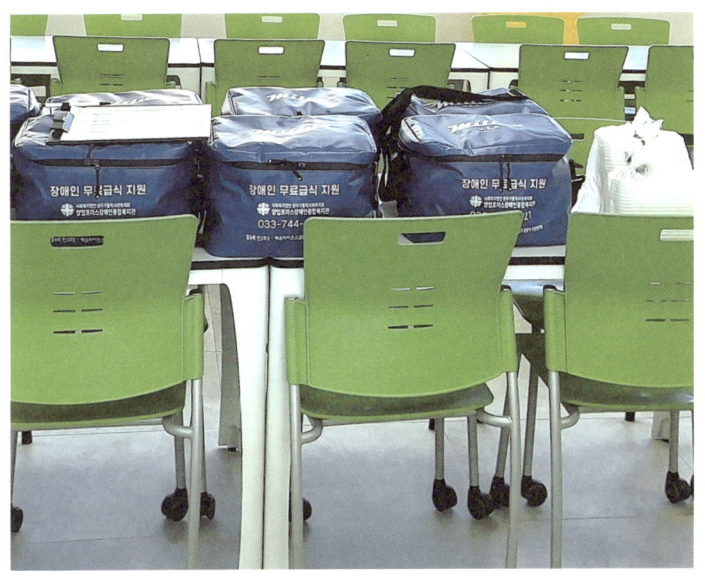

출장 준비 완료

여기에 올 수도 앉을 수도 없는
연약한 그 누군가의
허기를 채워주러 나가려구요!

동작 그만

얘들아 까불지 말어
니들 아무리 용을 써도
내가 제일 예쁘니까

3부

사랑과 계절

그럼 그렇지

보인다 보여
요놈들!
지호 민규 유래 노을
파란이도 왔구나
이쁘고 귀여운 녀석들

사랑이란 맞춰주는 거란다

각기 다른 마음들이 모여
같은 소리로 함께 맞춰야 한다
기다리고 양보해야 한단다
서로의 틈을 사랑으로 메우는 거란다

꽃으로만 보지 마라

꽃 피웠다고
나를 꽃으로만 보지 마라
지금 나는
알알이 우주를 품고 있다

만성염증

일찌감치 도려내야 했는데
우월주의 묵은 병폐는
온통 몸살을 앓고 있다
흉하게 썩고 곪았다
여의도를 닮았다

갈매기들의 방앗간

워~떼!
요새 먹고 사는 건 좀 풀렸냐?
뭔데 이케 쪼들린다니!
그러게 말야
다들 목숨 붙어있으니 사는 거지

당신만 있으면 돼

무슨 말이 필요합니까
아무것도 필요하지 않아요
유일한 하나
당신이 와 주세요

오늘만 같아라

화창한 날씨
향기 만발 어여쁜 꽃들과
매일 매일 춤출 수 있는
아름다운 날들이 이어지기를…

진실은 빛이 난다

별땅 위로 떠오른 도도한 보라
보물은 땅속에 숨겨뒀다
생생하게 빛이 난다
감춰진 진실은 생명이다

갈대의 자존심

외로워도 괜찮아

더불어 함께 하니까

흔들려도 괜찮아

바람의 음표 따라

노래할 수 있으니까

대한민국 엄마가 되던 날

입대하던 날
국방의 의무를 당당히 해내려는
씩씩하고 고마운 아들이 있어
이 나라의 당당한 엄마가 되었다

오래 살고 싶다면

터널 안에서는
속도를 줄여 주세요
아차! 하는 순간
구급차 영구차 탈 수도 있어요

그리움 하나

이랴 이랴~ 철썩~!
밭을 가는 황소와
쟁기 꽉 잡고
우직한 일꾼 따라가는
우리 아버지 보고 싶어요

여름이 익어간다

내 그리운 일곱 살 여름
어디에 가면 만날 수 있을까
달콤한 산딸기 향이
입안 가득 침 흘리게 하는 그곳
언제나 그리운 내 고향 압해도

그때가 좋았지

통지표 성적이 엉망이어도
수숫대 모가지 여물어가는
여름 방학은 너무너무 좋았다

고깔 주의보

장마철입니다
당신이 가는 곳에 내리는 비가
물 폭탄이 되어 쏟아질 수 있으니
외출을 자제해 주시기 바랍니다

우리 따뜻해지면

"자기야

나 아이스크림 먹고 싶어"

"이~그!

이렇게 추운데 무슨 아이스크림

우리 여름 되면 아이스크림 많이 먹자"

채찍질

여보시오
앞으로만 쭈욱 가십시오
한눈팔지 말고요
목표는 오직 전진뿐입니다

탱자탱자 놀아도 되는 겨?

겨울 바다로 나가기 위해
봄 여름 가을까지
편하게 휴업 중이다
한 계절 쌈박하게
만선이면 대박! 안 그러면 쪽박이다~

야외 결혼식

햇살 고운 가을날 아침
탱글탱글한 뽀얀 미소의 선남선녀
초록 하객들 모시고
깔끔한 웨딩마치를 올리고 있다

가까이하기엔 무서운 당신

"얘들아 니들 여기
바깥쪽으로 와서 놀지 그러니~
안 잡아먹을게"
"헐 우리가 여우 같은
괭이 너한테 속을 거 같으냐!"

나는 행복해요

울타리 안쪽은 안전해요
나의 무기는 불뚝 방망이
함부로 훔쳐 가지 못해요
행복 나와라 와라 뚝딱!

가을 향기

시간이 바쁘게 쌩쌩 달려갑니다
부지런한 계절이 마중 나와
활짝 웃는 코스모스에게 안깁니다
살랑살랑 고운 향기에 취하고 싶어요

앞서거니 뒤서거니

아야 싸묵싸묵 가자
뭣이 그리 바쁘다냐!
모래알이 싹틀 것도 아닌디
천천히 가자

부뚜막

그 옛날 우리의 부뚜막은
정성이 듬뿍 담긴 꺼지지 않는 장작불
자식들의 꿈과 희망을 여물게 하는
사랑 넘치는 어머니의 요술창고였다

당신 없인 못 살아 정말 못 살아

포기하지 말아 주세요
포기 속에는 한국인의 저력,
최고의 가치가 숨어 있답니다
알싸하고 맛있는
나만의 애정하는 김치랍니다

4부

고독과 겨울

꿈꾸는 동화 나라

꼬마 기차가 소풍을 갑니다
예쁜 동화 나라 푸른 꿈 가득 싣고서
연둣빛 꿈 이야기 알알이 열매를 맺는
미지의 세상으로 칙칙폭폭 칙칙폭폭

연둣빛깔 보물창고

생글생글 꿈이

주인을 만나려고 꿈 트는 곳

수많은 이야기와 전설이

우주별처럼 싹이 트고 자라는 곳

초록이들의 신나는 놀이터

신께서 명령한 본능

무슨 설명이 필요한가!
이건 가장 원초적인 사랑이다

어이할꼬!

소 팔러 장에 가신 아버지
허리띠 풀고 앉아
호기 찬 술잔들을 돌리고 있다
눈 빠져라 기다리는
토끼 같은 자식들 생각은,
까막술이 마셔버린 지 벌써 오래다

어둠이 직무유기 하던 밤

하늘은 맘껏 푸르고
불빛은 모두 임무에 충실하다
어둠은 어디로 갔을까
술 취한 아버지 찾으러 갔나 보다

고적한 숲길에서

후다다다닥
"엄마야 깜짝이야" 주저앉을 뻔했다
"나 잡아 봐라" 약 올리듯 껑충 오른다
"고얀 녀석"
꼬랑지 잡고 롤러코스터 태워줄까 보다

할 말이 남으셨는가요

기분이 어떠신가요
하늘 높은 줄 모르고
맘껏 휘둘렀던 것들이 그리 좋으시던가요?
아무 것도 아닌 것이 무늬만 참나무가
아직도 할 말이 있으신가요!

그대 이름은 삐에로

햇살 고운 날
익살스러이 활짝 웃음 짓는 삐에로
지나온 고통의 시간들
맑은 웃음 속에 가둬두고서

작은 소망

원하는 대학 찰떡 합격
면접에 합격하게 해 주세요
로또 대박 나게 해 주세요
더도 말고 덜도 말고
건강하게만 살 수 있게 해 주세요

아고라

정의와 민주주의는 살아있는가
생각들은 다 어디로 갔는가
광장은 건재해야만 하는데
우리의 건강한 상식과 양심
건강한 행동들은 어디에 있는가

못난이 독버섯 삼 형제

젊을 때는
버섯 모양을 띄우더니만
시간이 갈수록
너희들은 절대로
아니라는 생각이 든다

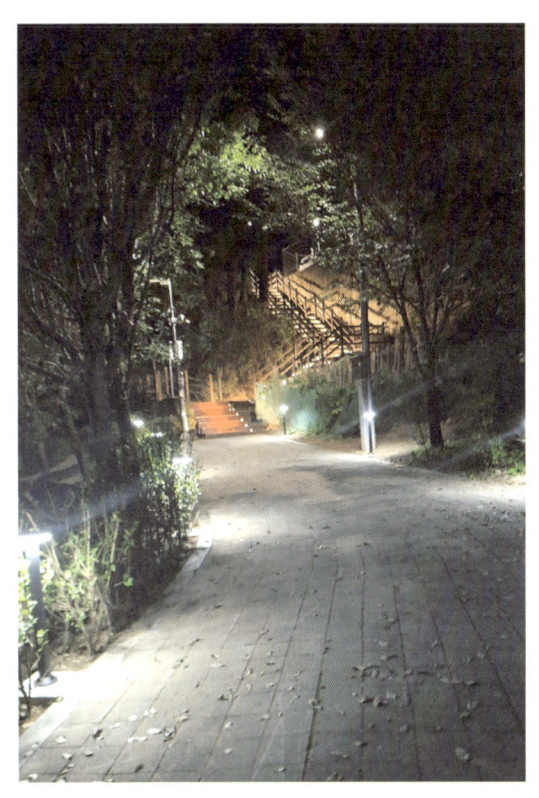

신비한 기대

저 계단 위에 올라서면
아름답고 우아한 그녀
빛나는 보석이 박힌 드레스를 입고
왕자님과 왈츠를 추며 올 것만 같다

망부석

10년이 가고 100년이 가도
어이해 못 오시는가
임 오실 때 기다리다
망부석이 된 여인네들
눈물만이 애달프다

나 좀 그냥 내버려둬 제발

내 눈을 파내고 내 코를 뭉개고
입을 납작하게 뭉개버린 인간들아
나는 아프단 말이야
웃고 있어도 웃는 게 아니란 말이야

소박한 그림쟁이

햇볕이 쨍하길래
흰 구름을 넓게 펴 색칠했어요
동네와 산꼭대기 얘기도 함께 넣었어요
저만치서 뚜벅이며 걸어오는
가을 소리도 그려봤어요
하늘이 많이 높아졌어요

정직하게

부러질 수 없어서
사경을 헤맬 때도 납작 접고 참았다
선조의 올곧은 기상과 고귀한 말씀
그 뜻 저버릴 수 없어
또다시 하늘을 우러른다

오랜만에 오셨군요

이제나 올까 저제나 올까
모래 알갱이 동해는
초침 맞춰 똑딱 소리 내며
쉬지 않고 걸었습니다
당신이 보고 싶었습니다

동물농장

종달새 판다 곰돌이
도마뱀 공룡들이
여기에 다 모였구나
안 온 친구 손 들어 봐!

고독한 시간

글을 쓰기 위해 20년 듣던
라디오 소리까지도 죽여버렸다
오늘 한 끼
먹고 싶은 잔치국수
만들어 놓고 경건한 예식을 치르고 있다

자신 있으면 나와 봐

나는 정말 위대하고
정말 소중하단 말야
스타가 될 때까지
나처럼 안전하게 완벽하게
보호받는 것들 있음 나와보라 해

오늘은 치킨 먹는 날

아빠랑 내기를 했다~ 야호!
지금은 막상막하
내가 응원한 팀이 이길 거다
이 게임은 무조건 이겨야 한다

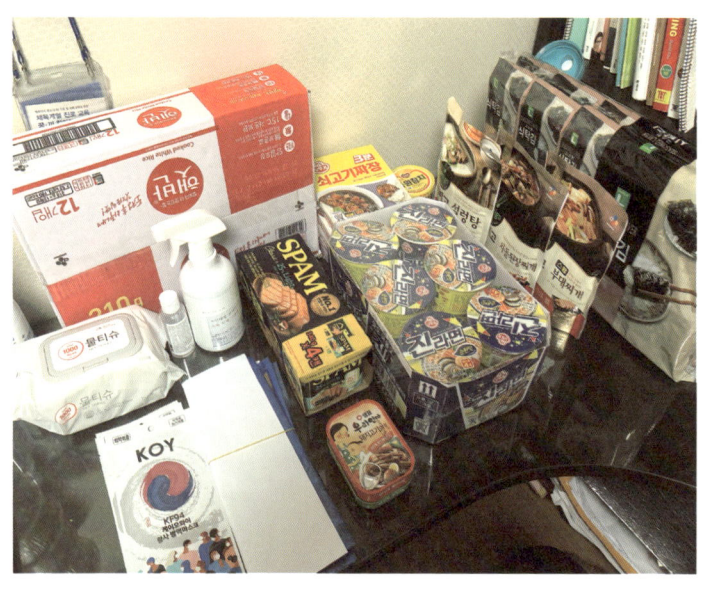

독방에 갇혔다

마스크는 24시간 써야 하고
방문은 24시간 닫혔다
엄청나게 지독한 놈이
우리 집에도 침범했다

외로운 질주

세상 참 넓어요
이 넓은 세상에 동무해 줄 이
하나 안 보여요
그래도 괜찮아요
이것이 운명이라면 받아들여야죠

키 작은 사람의 비애

헐~!

할 말이 없네

겨울의 길목

가을비 한 번에
내복 한 벌이라 했는데
발목이 시리다
두꺼운 외투와 털장갑도 사야겠다